AM GYMRO!

Mae'r llyfr yma yn eiddo i

I Elis

Rhy fawr i'm glin ond byth rhy fawr i'm calon.

Mam x

YNWA

AM GYMRO!

Medi Jones-Jackson

y lolfa

Dymuna'r cyhoeddwyr gydnabod cymorth ariannol Cyngor Llyfrau Cymru.

Rhif llyfr rhyngwladol: 978 1 80099 695 3

Cyhoeddwyd ac argraffwyd yng Nghymru gan Y Lolfa Cyf., Talybont, Ceredigion, SY24 5HE

e-bost: ylolfa@ylolfa.com
y we: www.ylolfa.com
ffôn: 01970 832304

LLYTHYR GAN YR AWDUR

ANNWYL FFRIND,

Diolch ENFAWR i ti am ddewis y llyfr yma. Dwi wir yn gobeithio y gwnei di ei fwynhau. Mae *Am Gymro!* yn dathlu bywyd ac anturiaethau 13 Cymro. Mae Cymru ddoe a heddiw yn wlad arbennig ac mae'r Cymry wedi bod yn ddylanwadol iawn mewn nifer o feysydd – roedd dewis 13 ysbrydoledig yn waith anodd gan fod cynifer o arwyr i ddewis ohonyn nhw.

Os wyt ti'n hoffi'r llyfr yma, cofia am gyfres *Genod Gwych a Merched Medrus*. Gobeithio bydd y llyfrau hyn yn dy ysbrydoli i wireddu dy freuddwydion – a phwy a ŵyr, hwyrach y bydd llyfr amdanat ti yn y dyfodol agos.

Dal ati i ddarllen a cher amdani!

Medi

Y DYNION

DAFYDD IWAN 8

KYFFIN WILLIAMS 14

ERIC JONES 10

RICHARD BURTON 16

DR SUBRAHMANYAM GANESH 12

CLOUGH WILLIAMS-ELLIS 18

AM GYMRO!

LYN EVANS 20

GERAINT THOMAS 22

ELLIS HUMPHREY EVANS (HEDD WYN) 24

T. LLEW JONES 26

GARETH BALE 28

GWYNFOR EVANS 30

BILLY BOSTON 32

DAFYDD IWAN

Canwr, ymgyrchydd, gwleidydd a gŵr busnes

Brynaman 1943

Mehefin 2022:

Mae'r Wal Goch yn Stadiwm Dinas Caerdydd i weld tîm pêl-droed Cymru'n creu hanes wrth gyrraedd Cwpan y Byd.

O'r dorf daw dyn sydd bron yn 80 oed gyda sgarff am ei wddf a meicroffon yn ei law – dyma Dafydd Iwan, ac mae'r dorf yn gynnwrf i gyd.

Er gwaethaf y glaw mae'r awyrgylch yn drydanol – gyda Dafydd Iwan mewn dagrau wrth i'r cefnogwyr gydganu ei anthem. Dyma uchafbwynt ei yrfa.

Mae Dafydd Iwan wedi recordio:
219 o ganeuon
18 albwm

Dechreuodd Dafydd Iwan ganu pan oedd yn fachgen bach yn y capel ac yna mewn eisteddfodau lleol ym Mrynaman a Llanuwchllyn ger y Bala.

Fe aeth Dafydd i Brifysgol Caerdydd â'i fryd ar fod yn bensaer. Yn y coleg dechreuodd ganu o ddifri. Cafodd wahoddiad i ganu'n wythnosol ar raglen deledu *Y Dydd* yn 1965 a daeth yn hynod o boblogaidd.

Roedd y 1960au yn gyfnod o newid ac roedd llawer o bobl ifanc fel Dafydd yn protestio. Roedd Dafydd Iwan yn wleidyddol iawn – roedd yn gadeirydd grŵp ymgyrchu Cymdeithas yr Iaith ac yn aelod blaenllaw o Blaid Cymru. Roedd cenedlaetholdeb yn ei waed (dim syndod o feddwl bod ei daid yn un o sylfaenwyr Plaid Cymru yn y 1920au!).

PETHAU OEDD YN GWNEUD CENEDLAETHOLWYR YN 😠😢 YN Y 60AU:

- Bod canran y bobl oedd yn siarad Cymraeg wedi haneru ers 1891
- Boddi Cwm Tryweryn a chymuned Capel Celyn i greu cronfa ddŵr ar gyfer dinas Lerpwl yn 1965
- Arwisgo'r tywysog Charles yng nghastell Caernarfon yn 1969
- Dim statws swyddogol i'r Gymraeg

CELL I UN PLIS!

Yn 1970 cafodd Dafydd Iwan ei garcharu am dair wythnos am ddifrodi arwyddion ffordd uniaith Saesneg.

Sefydlodd Dafydd Iwan a'i ffrindiau label recordio Sain, gan agor stiwdio recordio yn Llandwrog yn 1975. Dyma'r label recordio annibynnol cyntaf yn y Gymraeg ac mae cannoedd o artistiaid wedi recordio yn y stiwdio dros y degawdau.

Yn 1983 rhyddhawyd ar label Sain un o ganeuon enwocaf Dafydd Iwan – 'Yma o hyd'. Mae'r gân yn atgoffa'r Cymry i siarad Cymraeg "er gwaethaf pawb a phopeth".

40 mlynedd yn ddiweddarach, daeth cefnogwyr Cymru, y chwaraewyr, a Dafydd Iwan ynghyd i ganu'r gân, gyda neb llai na'r capten ei hun, Gareth Bale, yn arwain y canu i goroni'r cyfan. Am foment!

'Yma o Hyd' = "Anthem genedlaethol arall Cymru"

(Papur newydd *The Guardian*)

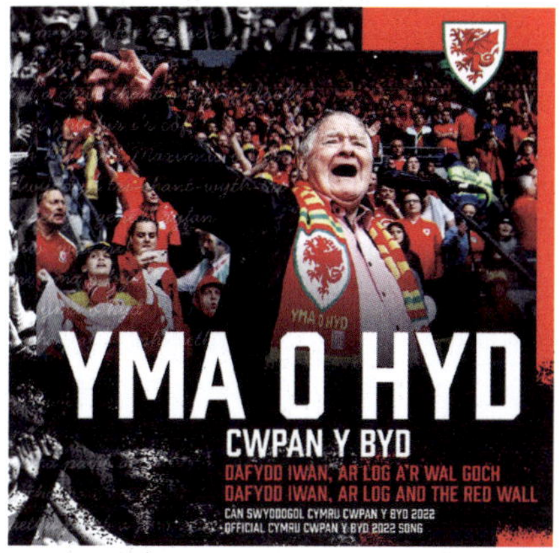

Dilyna'r cod QR i weld Dafydd Iwan a'r Wal Goch yn canu 'Yma o Hyd'.

DAFYDD AR FRIG Y SIARTIAU!

Yn 2020 a 2022, 'Yma o Hyd' oedd y gân wnaeth werthu fwyaf gan gyrraedd brig siart rhyngwladol iTunes.

WYDDOST TI?

Daeth **33,280** o gefnogwyr i Stadiwm Dinas Caerdydd ym Mehefin 2022.

"Mae Dafydd Iwan yn *lejynd* - dach chi'n gweld yr angerdd yn ei lygaid pan mae'n canu!"

Andy Dowling, cefnogwr tîm pêl-droed Cymru

Ymateb Dafydd Iwan i'r Wal Goch yn canu 'Yma o Hyd':

"Dyna un o eiliadau mawr fy mywyd!"

ERIC JONES

Rhuthun
1936

Dringwr, plymiwr awyr, mynyddwr ac anturiwr

Yn fachgen bach ar fferm yn Rhuthun yn ystod yr Ail Ryfel Byd, roedd Eric Jones wrth ei fodd yn darllen comics am y brwydro. Byddai'n creu parasiwts o hen gadachau a'u taflu oddi ar y das wair. Taniodd ei ddychymyg ei awch am antur hefyd.

Chwalwyd ei siawns o ymuno â'r fyddin ar ôl damwain beic modur gas ac felly penderfynodd chwilio am her arall. Yn 1961 dechreuodd barasiwtio – roedd yn caru'r wefr o blymio i'r ddaear gyda dim ond parasiwt i'w arbed rhag niwed.

Flwyddyn yn ddiweddarach, gyda mynyddoedd Eryri o fewn tafliad carreg o'i gartref, dechreuodd ddringo, gan arbenigo mewn dull dringo solo – dull heriol a pheryglus.

FFANSI PANAD?

Am bron i 40 mlynedd croesawodd Eric ymwelwyr di-ri i'w gaffi ger Tremadog lle roedd lluniau o'i anturiaethau yn addurno'r waliau.

Yn 1981 syllai Eric ar wyneb gogleddol mynydd yr Eiger yn y Swistir – mynydd sy'n cynnwys 1,800 metr o rew a cherrig milain. Mynydd oedd wedi cymryd bywyd nifer o ddringwyr o'i flaen. Ond fe lwyddodd Eric i ddringo'r mynydd ar ei ben ei hun – ef oedd y Prydeiniwr cyntaf i gyflawni hyn wrth gael ei ffilmio. Daeth anturiaethau Eric a ffilmiau ei ffrind, Leo, â harddwch a pherygl y mynyddoedd i gynulleidfaoedd o gwmpas y byd.

Aeth Eric o un antur i'r llall. Yn 1991 roedd Eric yn un o bedwar a gyrhaeddodd y *Guinness Book of World Records* ar ôl hedfan dros fynydd Everest, mynydd uchaf y byd, mewn balŵn aer poeth.

Ni wnaeth oedran Eric roi stop ar ei anturiaethau. Yn 60 oed dechreuodd neidio BASE sef neidio o fannau uchel i'r ddaear gyda pharasiwt.

Teithiodd Eric i Dde America i neidio oddi ar ben pistyll Rhaeadr yr Angel yn Venezuela, rhaeadr uchaf y byd. Gyda pharasiwt ar ei gefn, neidiodd Eric o ben uchaf y rhaeadr, gan agor y parasiwt ychydig eiliadau cyn iddo lanio yn ddiogel ar lawr y jwngl. Tipyn o gamp!

Ym Mecsico neidiodd i mewn i Ogof y Wenoliaid, sef ogof danddaearol. Doedd dim lle iddo wneud unrhyw gamgymeriad gan mai dim ond tua 300 metr sydd o frig yr ogof i'r llawr. Camodd Eric dros yr ymyl a phlymio am ychydig eiliadau cyn i'r parasiwt agor. Glaniodd yn hegar ar gerrig miniog – ond roedd o'n fyw, er ei fod wedi cleisio'n ddrwg.

"Dyna funud mwyaf nerfus fy mywyd!" dwedodd ar ôl glanio.

Moto Eric:

"Mae bywyd yn antur neu'n ddim."

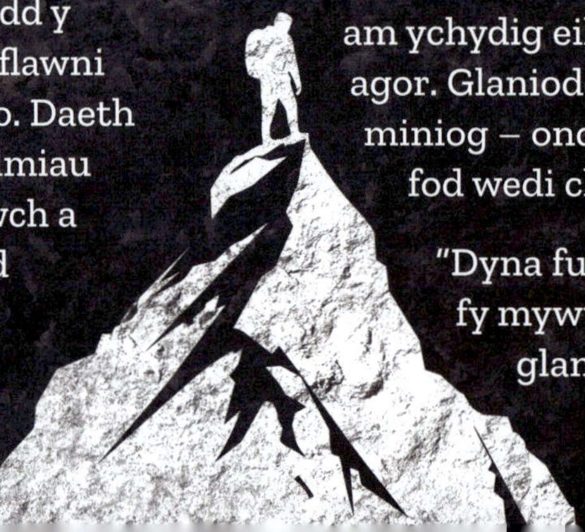

Dilyna'r cod QR i weld Eric Jones yn neidio a phlymio.

GEIRFA

Parasiwtio/Plymio o'r awyr (sky diving) – neidio o awyren gyda pharasiwt

Dringo 'solo' (soloing) – steil o ddringo heb bartner na rhaff i dy gadw'n ddiogel

Neidio BASE (BASE jumping) – neidio o adeiladau/pontydd/clogwyni yn hytrach nag awyren gan ddefnyddio parasiwt i lanio'n ddiogel ar yr ddaear

HELÔ, SIÔN CORN!

Mae Eric wedi plymio o'r awyr gan lanio ym Mhegwn y Gogledd.

WYDDOST TI?

Pistyll yr Angel 979m = dwywaith uchder adeilad Empire State yn Efrog Newydd

DR SUBRAHMANYAM GANESH

Bangalore, India, 1929

Doctor o India

Yn 1948 digwyddodd rhywbeth ENFAWR yn y wlad yma, sef sefydlu'r Gwasanaeth Iechyd Gwladol (GIG) gan y Gweinidog Iechyd, Aneurin Bevan (Cymro – iei!).

Yn hytrach na thalu i weld doctor, roedd hyn yn golygu gofal am ddim i bawb – y tlawd a'r cyfoethog, yr hen a'r ifanc.

Ond roedd un broblem – doedd dim digon o ddoctoriaid ym Mhrydain ar ôl yr Ail Ryfel Byd. Roedd yn rhaid edrych yn bellach am ddoctoriaid er mwyn ateb y gofynion newydd felly anfonwyd hysbyseb i wledydd y Gymanwlad.

Ydych chi yn ddoctor?
Yn ifanc?
Eisiau antur?
Eisiau bywyd newydd?
Eisiau cyflog da?

Dewch i weithio i'r GIG ym Mhrydain.

1960
Daeth 18,000 o feddygon o India i helpu cynnal y GIG

Un a welodd yr hysbyseb yma oedd Dr Subrahmanyam Ganesh oedd yn 27 mlwydd oed ac yn byw yn India – dyma un o'r doctoriaid cyntaf o Asia a ddaeth i weithio i'r GIG yng Nghymru. Daeth i weithio yn Nowlais a dod yn hoff iawn o Gymru a'r Cymry!

Er y gwahaniaeth rhwng eu hil a'u crefydd, gwelodd fod gan bobl India a phobl Dowlais lawer yn gyffredin.

Gwahanol iawn oedd bod yn ddoctor yn India a Chymru. Yn India, byddai Dr Ganesh yn gweld cleifion oedd yn dioddef oherwydd diffyg bwyd neu sgileffeithiau yfed dŵr budr, ond yma yng Nghymru gwelodd gleifion oedd yn dioddef o afiechydon oherwydd eu gwaith yn y pyllau glo, neu bobl oedd wedi cael damweiniau diwydiannol cas iawn.

> "Y peth wnaeth fy nharo i oedd y bobl yma - mewn sawl ffordd roedden nhw fel pobl yn India. Yr un math o deuluoedd agos. Roedd pobl yn gyfeillgar iawn."

CWLEDYDD DE ASIA

Afghanistan
Bangladesh
Bhutan
India
Maldives
Nepal
Pakistan
Sri Lanka

2024

¼ o holl fyfyrwyr meddygol y Deyrnas Unedig yn dod o dde Asia

2023

78% o feddygon Cwm Rhondda yn dod o dras Asiaidd

SCARFF ARBENNIG I DDOCTOR ARBENNIG

Fe wnaeth Dr Ganesh gyfarfod â'r Dalai Lama (arweinydd ysbrydol pobl Tibet). Rhoddodd y Dalai Lama sgarff sidan hardd iddo i ddiolch am ei waith.

Syrthiodd Dr Ganesh mewn cariad gyda nyrs leol, Myra. Rhaid cofio pa mor anghyffredin ar y pryd oedd priodas rhwng bachgen o India a merch o Gymru – weithiau byddai pobl yn syllu'n syn arnyn nhw.

Gwasanaethodd Dr Ganesh ei gymuned yn Nowlais am ddegawdau. Crëwyd drama gan y BBC yn dathlu profiad doctoriaid a ddaeth o India i weithio yn ne Cymru.

Er iddo ymddeol o'r GIG, mae Dr Ganesh yn dal i weithio'n galed yn cefnogi elusennau yma ac yn ne Asia.

Oherwydd doctoriaid anhygoel fel Dr Ganesh mae'r GIG yn fyw ac yn iach i dy wasanaethu di, dy deulu a dy gymuned. Diolch i Aneurin Bevan am y weledigaeth, a diolch i'r holl ddoctoriaid o dde Asia a ddaeth i helpu a gwasanaethu.

Yn ei gof o hyd mae cyngor craff ei dad:

> "Paid â bod yn ddieithr yn dy wlad fabwysiedig. Bydd yn rhan o'r gymuned a bydd yn ddinesydd defnyddiol."

Diwrnod mwyaf trist yn hanes Cymru: 21 Hydref 1966

Ben bore, derbyniodd Dr Ganesh alwad ffôn brys. Am 9:13 y bore llithrodd tomen lo o'r mynydd gan gladdu Ysgol Gynradd Pantglas. Aeth yno'n syth i helpu'r plant bach oedd wedi brifo.

Arhosodd gerllaw'r ysgol, ond daeth yn amlwg wrth i amser fynd heibio nad oedd mwy o blant am ddod o'r adeilad yn fyw.

Lladdwyd 116 o blant a 28 o oedolion.

Roedd yn drychineb enfawr.

Am ddegawdau ar ôl y drychineb bu Dr Ganesh yn helpu rhai o'r plant oedd wedi brifo, yn ogystal â'r rhieni oedd wedi colli eu plant yn y digwyddiad erchyll.

Dilyna'r cod QR i ddysgu mwy am drychineb Aberfan.

KYFFIN WILLIAMS

Artist a roddodd Cymru ar gynfas

Llangefni
1918-2006

WYDDOST TI?

Fe wnaeth Kyffin adael:

- 250 darlun olew ar gynfas
- 600 darlun dyfrlliw a brasluniau
- Ei ddyddiaduron

i Lyfrgell Genedlaethol Cymru.

Mae drws ffrynt Min-y-môr ar Ynys Môn yn agor tuag at y Fenai, gydag arfordir Gwynedd a mynyddoedd Eryri o'i flaen. Dyma'r tŷ perffaith ar gyfer artist. Dyma gartref Kyffin Williams.

Yn fab i reolwr banc, aeth Kyffin i ffwrdd i'r Amwythig i gael ei addysg. Yno un gaeaf cafodd ei daro'n wael gan afiechyd o'r enw Polio. Ni wyddai'r doctoriaid a fyddai Kyffin yn byw neu'n marw.

Dechreuodd wella yn araf deg ond doedd ei iechyd ddim yn iawn ar ôl hynny. Pan oedd yn y fyddin cafodd wybod bod ganddo gyflwr epilepsi ar ôl iddo ddioddef cyfres o ffitiau. Er mwyn helpu ei iechyd, cafodd gyngor gan ei ddoctor i ddechrau peintio.

Yn 1941 astudiodd gelf yng ngholeg Slade yn Llundain, ac yno bu iddo ennill gwobrau di-ri am ei beintiadau a'i bortreadau. Aeth wedyn yn athro celf yn Ysgol Highgate o 1944 i 1973.

Pob cyfle posibl byddai'n gyrru'n ôl i Gymru ac i Ynys Môn er mwyn dwyn ysbrydoliaeth o'r tir. Treuliodd sawl gwyliau yng Nghymru yn braslunio cyn mynd yn ôl i Lundain i orffen y peintiadau ar gynfas.

Mae steil amlwg i waith Kyffin – defnyddiodd gyllell baled i roi paent yn drwch ar gynfas. Hoffai beintio mynyddoedd, bythynnod, tirwedd a phortreadau. Roedd ei steil yn hollol wahanol i artistiaid eraill ei gyfnod.

Ta-ta Polio - Polio Ta-ta

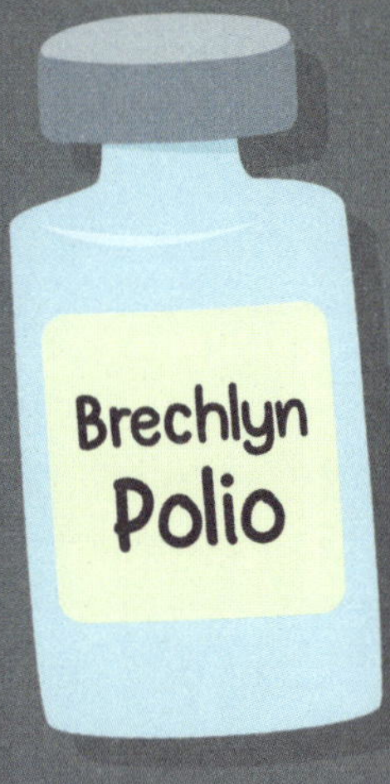

Mae Sefydliad Iechyd y byd wedi bod yn gweithio yn ddiflino i geisio cael gwared ar glefyd Polio sydd gan amlaf yn effeithio ar blant o dan 5 oed. Mae achosion o boliofirws naturiol wedi gostwng dros 99% ers 1988.

Dilyna'r cod QR i glywed Kyffin Williams yn dweud ei hanes ym Mhatagonia.

Yn 1968 enillodd ysgoloriaeth i astudio celf ym Mhatagonia. Aeth yno gyda'r bwriad o ddal "bywydau syml" pobl y Wladfa ar gynfas.

Peintiodd dros 50 o gynfasau a dros 700 o ddarluniau yn llawn lliwiau lliwgar a bywiog De America. Mae'r cynfasau llawn paent brown, oren a melyn dan awyr las lachar mor wahanol i'w beintiadau o Gymru sy'n frown a llwyd tywyll. Gwnaeth lawer o ddarluniau mewn inc gan fod ei offer peintio olew yn rhy drwm iddo gario wrth deithio o gwmpas Patagonia.

"Dyma oedd profiad gorau fy mywyd... Roedd yr awyr yn wahanol, roedd y golau yn wahanol ac felly hefyd yr adar, yr anifeiliaid a'r llystyfiant," meddai wrth ddisgrifio ei gyfnod yn Ne America.

Ar ôl ymddeol daeth i fyw i Min-y-môr gan beintio cannoedd o gynfasau. Bu farw ddwy flynedd cyn agor Oriel Kyffin Williams yn Oriel Môn sy'n dathlu ei gyfraniad i fyd celf yng Nghymru a thu hwnt.

BETH YW EPILEPSI?

Cyflwr sy'n achosi trawiadau ailadroddus oherwydd gweithgaredd trydanol anarferol yn yr ymennydd. Mae unrhyw un o unrhyw oed yn gallu dioddef o epilepsi. Fel arfer mae'r cyflwr yn ymddangos naill ai yn ystod plentyndod neu mewn pobl dros 60 oed.

KYFFIN AR KYFFIN

"Rwy'n credu mai fi yw'r peintiwr cyntaf y mae pobl yng Nghymru wedi gallu uniaethu ag ef."

CYSWLLT CYMRU Â PHATAGONIA

Mae cyswllt Cymru â Phatagonia yn mynd yn ôl i'r 1860au.

I ddiogelu'r ffordd Gymreig o fyw ac i ddianc rhag dylanwad iaith estron, chwiliodd y Cymry am diroedd i sefydlu trefedigaeth Gymraeg newydd. Cynigiodd Llywodraeth yr Ariannin dir iddynt i'w ffermio ac yn 1865 teithiodd tua 160 o Gymry dros 8,000 o filltiroedd ar long y *Mimosa* i fyw ym Mhatagonia. Dros 160 o flynyddoedd yn ddiweddarach mae'r Gymraeg yn dal i gael ei siarad yn y Wladfa.

Ewch i www.150patagonia.cymru i ddod o hyd i fwy o wybodaeth.

RICHARD BURTON

Pont-rhyd-y-fen
1925-1984

Actor o fri!

70+
Nifer o ffilmiau ganddo

Roedd 2 Dan-y-bont, Pont-rhyd-y-fen, yn dŷ bach prysur iawn. Yma ganwyd Richard Jenkins ond chwalwyd hapusrwydd y teulu wedi i fam Richard farw'n sydyn. Cafodd ei dad hefyd ei losgi'n ddrwg mewn damwain gas yn y pwll glo.

Aeth Richard bach i fyw i gartref ei chwaer Cecilia (Cis) ger Port Talbot. Richard oedd y cyntaf yn ei deulu i fynd i'r ysgol uwchradd ac yno wnaeth o gyfarfod â Philip Burton, ei athro Saesneg. Newidiodd hyn ei fywyd am byth.

WYDDOST TI?

Cafodd Richard Burton ei gladdu yn y Swistir mewn siwt goch i gofio am Gymru, a gyda chopi o benillion Dylan Thomas.

Sylwodd Philip fod gan Richard dalent am berfformio ac aeth ati i feithrin ei ddoniau. Yn aml dringai'r ddau fynydd Margam i wneud ymarferion i gryfhau ei lais, gan weiddi'n uchel lawr y cwm.

Roedd Philip Burton fel tad iddo. Yn 1943 newidiodd Richard ei gyfenw o Jenkins i Burton.

Yn 1949 gwelodd Philip hysbyseb oedd yn edrych am actorion Cymraeg – roedd Richard Burton ar ei ffordd i Hollywood.

13? O NA!

Bu farw mam Richard, Edith, wedi iddi roi genedigaeth i blentyn rhif 13. Mae rhai'n credu bod y rhif 13 yn anlwcus. Mae gan rai pobl ofn y rhif 13 hyd yn oed – *Triscaidecaffobia* ydi'r enw ar hyn.

CARU DARLLEN

"Mi ddarllena i unrhyw beth a phopeth. Rhai dyddiau dwi'n darllen o leiaf 3 llyfr ac un diwrnod darllenais i 5!" Dyddiadur Richard Burton, 21 Ebrill 1969.

DIEMWNT I DDIEMWNT

Yn 1969 rhoddodd Richard Burton ddiemwnt i Elizabeth Taylor. Gwerth yr em yma heddiw ydi £23 miliwn a'i henw ydi'r *Taylor-Burton Diamond*.

Gwnaeth ffilm ar ôl ffilm – ond y llwyfan oedd ei gariad mawr. Yn 1953 fe wnaeth o wrthod £1 filiwn am waith mewn ffilm er mwyn actio rhan Hamlet yn Llundain.

Enillodd Wobr Tony (gwobr theatrig) am bortreadu'r Brenin Arthur yn sioe gerdd *Camelot*. Roedd Arlywydd America, John F. Kennedy, yn caru'r sioe a chafodd Richard wahoddiad i ymweld â'r Tŷ Gwyn yn Washington D.C.

Roedd llais dwfn Richard yn fyd-enwog. Clywodd nifer ei lais ar recordiad o *Under Milk Wood* gan Dylan Thomas ac ar albwm adnabyddus *War of the Worlds*.

Roedd Richard hefyd yn fyd-enwog am ei berthynas danllyd â'r actores Elizabeth Taylor. Credai rhai mai Elizabeth oedd y ferch harddaf yn y byd. Syrthiodd y ddau mewn cariad wrth ffilmio *Cleopatra*. Dwedodd Richard wrth ei ffrind Emlyn Williams, "Dwi am briodi hon!". Yn anffodus roedd y ddau yn briod gyda rhywun arall ar y pryd, felly roedd eu perthynas yn dipyn o sgandal!

Daeth y ddau yn enwog am wario yn ddiddiwedd. "Ddim yn ffôl i fab i löwr o Gymru," oedd ei ymateb wedi iddo wario £9 miliwn o bunnoedd ar emwaith gwerthfawr.

Bu farw Richard yn syndod o sydyn yn ei dŷ yn y Swistir ac yntau'n ddim ond yn 58 oed.

Cyflwynir gwobr er cof am Richard Burton bob blwyddyn yn yr Eisteddfod Genedlaethol – gwobr am y perfformiad dramatig gorau. Er bod Richard Jenkins bach o Bont-rhyd-y-fen wedi marw mae ei enw, Richard Burton, yn parhau.

Dilyna'r cod QR i ddysgu mwy am yr actor enwog.

Clychau priodas

Fe wnaeth Richard Burton briodi 5 gwaith! (Priododd Elizabeth Taylor ddwywaith!)

CROESO!

Enw cartref Richard Burton yn y Swistir oedd Le Pays de Galles ('Cymru' yn Ffrangeg).

PRES POCED

Codi tail ceffyl oedd swydd gyntaf Richard Burton (pwwwww!)

7 VS 0

Ni wnaeth Richard Burton ennill yr un Oscar, er iddo gael ei enwebu am 7 ohonyn nhw!

"Roedd ei lais mor soniarus a phrydferth roeddech chi'n teimlo rhywbeth yn newid yn yr aer o'ch cwmpas."

Alec Nesbitt (Rheolwr stiwdio – cynhyrchiad 1954 o *Under Milk Wood* gan y BBC)

CLOUGH WILLIAMS-ELLIS

Pensaer arloesol

Gayton, Swydd Northampton
1883–1978

Portmeirion

Yn 5 oed cafodd Clough Williams-Ellis freuddwyd. Ynddi gwelodd bentref perffaith, hyfryd ac heddychlon. Anghofiodd o ddim y freuddwyd hynod yma.

Er ei fod wedi ei eni yn Lloegr, roedd ei dad yn Gymro a chyn hir daeth y teulu yn ôl i Gymru i fyw. Aeth Clough i brifysgol yng Nghaergrawnt i astudio gwyddoniaeth. Er hyn, ei wir ddymuniad oedd bod yn bensaer. Yn 22 oed agorodd swyddfa bensaernïaeth – cam dewr ag yntau heb unrhyw hyfforddiant yn y maes.

Enillodd ei gomisiwn cyntaf – adeiladu tŷ haf yn Swydd Rydychen, ac yn 1908 etifeddodd Blas Brondanw ger Porthmadog. Treuliodd ddegawdau lawer yn addasu ac addurno'r plasty. Dyma'r cam cyntaf at wireddu ei freuddwyd.

Erbyn 1925, ar ôl iddo ennill medal am ddewrder yn y Rhyfel Byd Cyntaf, prynodd ddarn o dir ar lan afon Dwyryd ger Porthmadog. Arno roedd coedwigoedd, clogwyni, traethau ac afonydd – lle delfrydol i Clough Williams-Ellis adeiladu'r pentref perffaith a welodd yn ei freuddwyd.

Rhwng 1925 a 1939 cafodd y prif adeiladau yn y pentref eu hadeiladu a llenwyd y bylchau wedyn tan ddiwedd y 70au. Credai Clough fod angen diogelu adeiladau'r gorffennol a defnyddiodd ddarnau o hen adeiladau ac adfeilion i greu ei bentref. Ychwanegodd Clough i'r pentref yn ddi-stop hyd nes ei farwolaeth yn 1978.

Bwriad syml Portmeirion oedd dangos bod modd datblygu ac adeiladu heb ddifetha'r tirlun, ac y gallai adeiladau newydd ychwanegu at harddwch naturiol ardal. Ym Mhortmeirion, gwelwyd adeiladau hardd, lliwgar a rhamantus oedd yn debycach i bentrefi glan môr yr Eidal, fel Portofino, na gogledd Cymru.

Agorwyd drysau'r pentref newydd am y tro cyntaf yn 1926 ac arian ymwelwyr oedd yn talu am unrhyw waith adeiladu newydd ar ôl hynny. Fe wnaeth y pensaer byd-enwog, Frank Lloyd Wright, ymweld â'r pentref yn ystod ei unig ymweliad â Chymru – cymaint oedd y sôn am Bortmeirion ledled y byd.

HEL ACHAU!

Mae coeden deulu Williams-Ellis yn arwain at Owain Gwynedd, sef tywysog gogledd Cymru rhwng 1137 a 1170.

ilyna'r cod QR i fynd
ar daith o amgylch
Portmeirion.

EISIAU GWELD MWY O WAITH CLOUGH WILLIAMS-ELLIS ?

- Caffi Rhaeadr Conwy (ger Betws-y-coed)
- Neuadd Llangoed (Bannau Brycheiniog)
- Hen Swyddfa Bost (Aberdaron)

FFASIWN SÔN!

Roedd Clough Williams-Ellis yn casáu gwastraffu amser bob bore yn meddwl beth i'w wisgo felly creodd iwnifform ddyddiol iddo'i hun.

- Siwt wlân
- Gwasgod felyn
- Sanau hir melyn llachar

Ta-ta mewn tân gwyllt

Yn ôl y sôn, rhoddwyd llwch Clough Williams-Ellis mewn roced tân gwyllt a'i saethu dros afon Dwyryd.

WYDDOST TI?

Roedd Clough Williams-Ellis wrth ei fodd yn chwarae triciau gweledol ar ymwelwyr. Er enghraifft, dydy cwch *Amis Reunis* ar lan yr afon ddim yn mynd i unrhyw le, gan ei fod wedi ei wneud o goncrit!

Daeth Portmeirion yn fwy enwog yn y 1960au fel lleoliad ffilmio'r rhaglen deledu arloesol *The Prisoner*. Yr actor Patrick McGoohan oedd y prif gymeriad, ond i nifer, gwir seren y sioe oedd Portmeirion. Dyma hoff raglen aelodau band y Beatles. Mae dilynwyr y gyfres yn dal i ymweld â Phortmeirion hyd heddiw er mwyn ail-fyw'r rhaglenni a hel atgofion.

Bellach mae dros 250,000 o bobl yn ymweld â'r pentref bob blwyddyn er mwyn gwerthfawrogi dychymyg diddiwedd un o benseiri mwyaf dylanwadol yr ugeinfed ganrif.

Moto Clough Williams-Ellis:

"Dathlu'r gorffennol, harddu'r presennol ac adeiladau ar gyfer y dyfodol."

LYN EVANS

Gwyddonydd (ail-greu'r glec fawr)

Dyma'r pethau sy'n neidio i'r meddwl am y Swistir – mynyddoedd, llynnoedd, siocled a chlociau cwcw. Ond wyddost ti fod arbrawf gwyddonol mwyaf Ewrop wedi digwydd dafliad carreg o Genefa, ac mai Cymro oedd wrth y llyw?

Ganwyd Lyn Evans yng Nghwm-bach ger Aberdâr. Cafodd ei fagu mewn tŷ cyngor cyn mynd i Brifysgol Abertawe i astudio ffiseg, ac yn 1970 daeth yn ddoctor mewn ffiseg.

Roedd gan Brifysgol Abertawe gysylltiad â Chanolfan Ymchwil CERN yn y Swistir. Aeth Lyn draw yno i fyw ac i astudio. Rhannodd Lyn mai'r peth gwaethaf am fyw yn y Swistir oedd ei bod yn anoddach iddo fynd i weld gemau rygbi Cymru yng Nghaerdydd!

Erbyn y 90au, roedd Lyn yn rheolwr ar brosiect gwyddonol enfawr sef creu'r Peiriant Gwrthdaro Hadronau Mawr (LHC). Bwriad y prosiect oedd ateb cwestiynau mwyaf sylfaenol byd ffiseg.

WYDDOST TI?

Mae 4 iaith swyddogol yn y Swistir:

- Almaeneg
- Ffrangeg
- Eidaleg
- Románsh

Roedd Lyn yn gweithio gyda:

- **3000** o wyddonwyr
- **Cannoedd** o brifysgolion a labordai
- **100+** o wledydd
- **300** o sefydliadau byd eang
- Cyllideb o **£4.2 biliwn**

CERN – Cyfundrefn Ewropeaidd dros Ymchwil Niwclear

Sefydlwyd ar 29 Medi 1954 i uno pobl o gwmpas y byd gan ehangu gorwelion gwyddoniaeth a thechnoleg er budd pawb.

Felly mewn twnnel 17 milltir o hyd o dan y ddaear, adeiladwyd cyflymydd gronynnau yr LHC. Cafodd yr LHC ei ddylunio i wrthdaro atomau yn erbyn ei gilydd i greu tameidiau llai, sef gronynnau, gan geisio ail-greu'r ffracsiwn o eiliadau ar ôl geni'r bydysawd yn y glec fawr.

Defnyddiwyd magnedau enfawr wedi eu hoeri i 1.9 gradd Celfin (oerach na dyfnderoedd y gofod) a phelydrau cyfwerth â 173kg o ddynameit, i greu'r gwrthdaro.

Yna ar 4 Gorffennaf 2012, daeth yr arbrawf yn fyd-enwog ar ôl i wyddonwyr CERN gyhoeddi eu bod nhw'n credu bod y cyflymydd gronynnau wedi darganfod gronyn Higgs Boson – yr allwedd i ddeall sut cafodd y bydysawd ei greu.

HEL DATA

Mae cyfrifiaduron yr LHC yn delio gyda 10 miliwn o ddarnau o wybodaeth ar ôl pob gwrthdrawiad, sy'n gyfwerth â phob person ar y Ddaear yn gwneud 10 galwad ffôn ar yr un pryd.

Dilyna'r cod QR i glywed Lyn Evans yn dathlu llwyddiant yr LHC.

Yn ôl y ffisegydd Yr Athro Brian Cox:

"Heb os, dyma ddarganfyddiad gwyddonol mwyaf fy oes, os nad y darganfyddiad gwyddonol mwyaf erioed."

Aeth Lyn o amgylch y byd yn trafod gwaith CERN gan gynnwys rhoi sgwrs yn ninas Y Fatican. Wrth gwrdd ag Arlywydd Tsieina a thrafod ei yrfa gwyddonol dwedodd Lyn, "Ddim yn ffôl i fachgen o Aberdâr."

Mae Lyn bellach yn gweithio ar gam nesaf y prosiect sef y Peiriant Gwrthdaro Llinellol Rhyngwladol (ILC) – prosiect £8 biliwn sy'n tanio pelydrau ar draws trac 31 milltir o hyd.

Na Lyn, ddim yn ffôl o gwbl i fachgen o Aberdâr!

GERAINT THOMAS

Beiciwr mwyaf llwyddiannus Cymru

Dilyna'r cod QR er mwyn gweld cymaint oedd ennill Tour de France 2018 yn ei olygu i Geraint Thomas.

Ar noson wlyb ar drac ymarfer clwb beicio y Maindy Flyers yng Nghaerdydd roedd bachgen 14 oed yn brysur ennill sylw'r hyfforddwyr gyda'i gyflymder naturiol. Bellach mae Geraint Thomas yn un o feicwyr mwyaf llwyddiannus Cymru a'r byd.

Gwnaeth ei allu i feicio ar y ffordd ac ar drac dan do arwain at lwyddiant ysgubol.

Daeth Geraint i'r amlwg am y tro cyntaf yn 18 oed gan ennill adran iau ras enwog 111km Paris-Roubaix – un o rasys beicio hynaf y byd.

Erbyn 2007 roedd enw Geraint ar restr dechreuwyr y Tour de France – y Cymro cyntaf ers 1967. Ddeng mlynedd yn ddiweddarach, Geraint oedd y Cymro cyntaf erioed i wisgo'r crys melyn – y crys sy'n cael ei roi i'r beiciwr â'r amser gorau dros gymalau'r Tour.

Anthem Geraint –
'Titw Tomos Las'
gan Hogia'r Wyddfa

Yn y Gemau Olympaidd yn Beijing, Tsieina, yn 2008, fe enillodd Geraint fedal aur yn y ras ymlid tîm (*team pursuit*) a thorrodd y tîm record y byd hefyd. Cafodd eu llwyddiant ei ailadrodd unwaith eto yng Ngemau Olympaidd Llundain yn 2012. Ar ôl ennill dwy fedal aur Olympaidd, ennill y Tour de France oedd nesaf ar ei restr.

Daeth y cyfle hynny yn 2018. Roedd Geraint yn aelod o dîm Sky dan arweiniad Chris Froome. Swyddogaeth Geraint oedd "domestique" sef beiciwr sy'n gwarchod a helpu'r arweinydd gan aberthu ei gyfle ei hun. Ond y flwyddyn honno roedd Geraint yn gryf a Froome yn anghyson.

Erbyn y cymal dringo ffyrnig, yr Alpe d'Huez, roedd Froome wedi camu yn ôl a choesau Geraint yn ei dynnu i ben y copa. Enillodd Geraint gymal 11 a 12 y ras a daeth i'r amlwg mai ef oedd y dyn i'w guro.

Yn ôl yng Nghymru roedd pawb ar bigau'r drain wrth ddilyn taith Geraint. Ond roedd dathlu di-ri wrth iddo arwain y gad gan feicio i lawr Avenue des Champs-Élysées yn gwisgo'r crys melyn a chipio'r Tour de France.

Cafwyd parti enfawr yng Nghaerdydd i ddathlu'r fuddugoliaeth hanesyddol. Arweiniodd Geraint griw o feicwyr ifanc drwy'r dorf, o'r Senedd i'r Castell, lle roedd dros 8,000 o bobl yn barod am barti. Goleuwyd adeiladau'r brifddinas yn felyn. Gan annerch y dorf dwedodd Geraint, "Dwi 'di arfer rasio o flaen miloedd o bobl ond mae cerdded allan i hyn yn boncyrs!"

LLYSENW GERAINT – "G"

BEIC I BAWB O BOBL Y BYD

Mae tua 136 miliwn o feiciau newydd yn cael eu prynu bob blwyddyn

Ffeithiau am y Tour de France:

- 200 o seiclwyr
- 2000 o filltiroedd
- 23 diwrnod
- Erbyn diwedd y Tour mae pob beiciwr wedi llosgi 120,000 o galoriau = 26 bar o siolced Mars
- 1903 – ras gyntaf y Tour de France
- Yn 2027 bydd y Tour de France yn dod i Gymru am y tro cyntaf

2018

Ailenwyd y felodrom yng Nghasnewydd yn Felodrom Cenedlaethol Geraint Thomas

1817

Karl von Drais yn datblygu peiriant fyddai'n datblygu i fod yn feic

G ❤️ 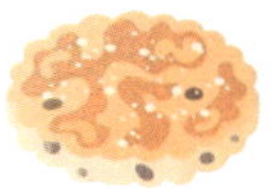

I ddathlu ennill y Tour cafodd Geraint gacen gri yn ei wely am 4am!

Y SBECTOL HAUL

Mae Geraint yn enwog am ei sbectol haul. Mae ei sbectol ddiweddaraf yn:

- Wyn
- Ffrâm lawn
- Wedi ei haddurno â draig goch

ELLIS HUMPHREY EVANS (HEDD WYN)

Bardd y Gadair Ddu

Trawsfynydd 1887–1917

Yn Eisteddfod Genedlaethol 1917, pan ganodd y corn gwlad dair gwaith i gyfarch y bardd buddugol, ni wnaeth unrhyw un sefyll i hawlio'r gadair. Cyhoeddodd yr Archdderwydd Dyfed fod yr enillydd, sef Ellis Humphrey Evans, wedi ei ladd chwe wythnos yn gynharach yn y Rhyfel Byd Cyntaf.

Dilyna'r cod QR i weld sioe Mewn Cymeriad am fywyd y bardd.

Cafodd Ellis ei eni yn Nhrawsfynydd. Ef oedd yr hynaf o 11 o blant i Evan a Mary Evans. Y gwanwyn hwnnw symudodd y teulu i fferm fynydd Yr Ysgwrn yng Nghwm Prysor.

Roedd gan Ellis dalent gyda geiriau ac yn 12 oed roedd o'n medru cynganeddu (ffordd o farddoni gyda rhythm arbennig). Enillodd ei gadair gyntaf yn Eisteddfod leol y Bala yn 1907, yn ugain oed, a rhoddwyd yr enw barddol Hedd Wyn iddo. Yn ôl ei ffrind, Humphrey Jones, roedd Ellis yn un am freuddwydio a symud yn araf a thawel.

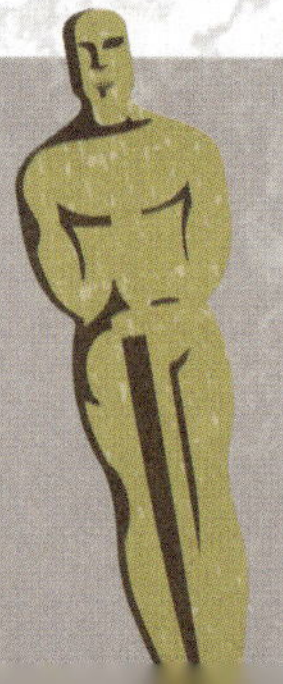

1994

Enwebwyd ffilm am fywyd Ellis, *Hedd Wyn*, am Oscar

Er bod tawelwch yn Nhrawsfynydd, nid felly yr oedd hi draw yn Ewrop. Dechreuodd y Rhyfel Byd Cyntaf yn 1914.

Roedd ffermio yn bwysig iawn i'r wlad er mwyn cynhyrchu bwyd felly cafodd Ellis aros adref yn hytrach nag ymuno â'r fyddin. Ond newidiodd hyn ar ôl i'w frawd bach, Robert, droi'n ddeunaw – doedd y fferm ddim yn ddigon mawr i gadw'r ddau rhag mynd i ymladd. Penderfynodd Ellis mai ef fyddai'n cofrestru.

Ar ôl cyfnod o hyfforddiant yn Lerpwl, cafodd Ellis gyfle i ddychwelyd i Drawsfynydd i helpu i aredig tir y fferm. Yma yn Yr Ysgwrn, o flaen tân y gegin, ysgrifennodd ei gerdd 'Yr Arwr' ar gyfer cystadleuaeth y gadair yn Eisteddfod Genedlaethol Penbedw 1917. Postiwyd y gerdd i'r Eisteddfod o Ffrainc dan y llysenw Fleur-de-lis.

Ar 31 Gorffennaf 1917, brwydrodd Ellis ym mrwydr Cefn Pilckem mewn glaw trwm. Cafodd ei daro yn ei fol, ond er iddo gael ei gludo yn ôl i orsaf cymorth cyntaf, nid oedd modd achub ei fywyd.

Yn ôl yn yr Eisteddfod roedd y dorf yn eu dagrau yn clywed am farwolaeth Ellis. Cafodd y gadair ei gorchuddio â lliain du cyn ei chario hi'n ôl ar drên i Drawsfynydd a'i gosod ym mharlwr Yr Ysgwrn.

Daeth Ellis a'r gadair yn symbol o'r miloedd ar filoedd o filwyr a gafodd eu lladd yn y rhyfel. Dros y ganrif ddiwethaf, croesawyd llu o ymwelwyr i'r fferm i weld y gadair ac i ddysgu am fywyd ac aberth Ellis.

40 miliwn

Nifer y bobl a fu farw yn ystod y Rhyfel Byd Cyntaf

1923

Cafodd cofeb er cof am Ellis ei dadorchuddio gan ei fam ar sgwâr Trawsfynydd

2017

Cafodd Yr Ysgwrn ei droi yn ganolfan ymwelwyr

Y GADAIR DDU

Cafodd y gadair ei gwneud gan saer o wlad Belg, Eugeen Vanfleteren, wnaeth ffoi o'r wlad ar ddechrau'r Rhyfel.

9300

Nifer y milwyr Prydeinig fel Ellis a gafodd eu lladd yn nyddiau cyntaf brwydr Passendale. Roedd 4,000 ohonynt yn Gymry.

T = THOMAS

T. LLEW JONES

Brenin llên plant Cymru

Pentre-cwrt, Llandysul
1915-2009

50+
= nifer o lyfrau

Arhosai prifathro Ysgol Coed-y-bryn yn eiddgar i'r cloc yn y dosbarth droi yn 3:30pm. Roedd wrth ei fodd yn dysgu'r plant ond roedd ar bigau'r drain eisiau mynd adref i Dŷ'r Ysgol i gael eistedd o flaen teipiadur enfawr i ysgrifennu. Roedd T. Llew Jones yn giamstar ar ddweud stori, boed ar bapur neu o flaen cynulleidfa.

Cafodd ei eni ym Mhentre-cwrt ger Llandysul ac roedd yn athro yng Ngheredigion am dros 35 o flynyddoedd. Er iddo deithio i'r Aifft, a thrwy ogledd Affrica i'r Eidal yn ystod yr Ail Ryfel Byd, yng Ngheredigion roedd ei galon ac mae llawer o'i lyfrau wedi eu lleoli yn yr ardal.

Gwyddai T. Llew Jones fod plant yn dwlu ar straeon llawn antur a dyma pam mae ei lyfrau yn byrlymu gyda chymeriadau cyffrous fel Barti Ddu, Siôn Cwilt a Twm Siôn Cati.

Roedd yn hoffi ysgrifennu storïau am ddigwyddiadau ffeithiol hefyd, fel llongddrylliad y *Royal Charter* yn 1859 oddi ar arfordir Ynys Môn, a wnaeth ladd 450 o bobl mewn storm ffyrnig.

DWI'N ❤ CRICED

Roedd T. Llew Jones yn dwlu ar chwarae criced. Roedd y cae criced lleol hefyd yn gae i wartheg felly roedd rhaid bod yn ofalus iawn lle roeddet ti'n sefyll!

Defnyddiodd y profiadau hynod yr oedd wedi eu cael fel plentyn yng Ngheredigion yn ei lyfrau hefyd. Roedd T. Llew Jones yn aml yn ymweld â'i fam-gu. Ger ei thŷ ar lan afon Siedi, roedd tir ble roedd sipsiwn yn gwersylla. Treuliodd lawer o amser yno gyda phlant y sipsiwn, yn gwrando'n astud arnynt yn adrodd straeon o gwmpas y tân, ac yn chwarae yn eu carafannau lliwgar. Defnyddiodd y profiadau cofiadwy hyn wrth ysgrifennu ei nofel *Tân ar y Comin*.

Ysgrifennodd yn ddi-dor am ddegawdau ac roedd plant Cymru wrth eu boddau. Anfonwyd miloedd o lythyrau diolch ato gan ddarllenwyr ifanc o bob cwr o'r wlad.

Y cwestiwn a holwyd iddo amlaf oedd, **"Pa lyfr oedd ei ffefryn?"** ac yr un ateb y byddai'n ei roi bob tro sef, **"Dwi'n eu hoffi nhw i gyd."**

Pan fu farw yn 2009, ac yntau yn 93 oed, dwedodd yr Archdderwydd Dic Jones fod Cymru wedi colli "un o eiconau'r genedl".

Cymaint oedd y parch tuag at T. Llew Jones a'i waith fel y nodwyd diwrnod ei ben-blwydd, 11 Hydref, yn ddathliad blynyddol. Ar Ddiwrnod T. Llew Jones, mae ysgolion ledled y wlad yn dathlu ac yn darllen ei waith.

Dilyna'r cod QR i wrando ar bennod gyntaf ei nofel, *Tân ar y Comin*.

£360
cyflog blynyddol prifathro Ysgol Tre-groes yn y 1950au

WYDDOST TI?

Roedd T. Llew Jones yn wych am chwarae gwyddbwyll. Gyda'i fab Iolo (a oedd yn chwaraewr gwyddbwyll rhyngwladol) fe ysgrifennodd yr unig lyfr Cymraeg am wyddbwyll.

Cafodd T. Llew Jones ei fwrdd gwyddbwyll cyntaf yn ystod yr Ail Ryfel Byd. Roedd yn rhannu pabell gyda milwr oedd am ddychwelyd yn ôl i Brydain. Doedd gan ei ffrind ddim lle yn ei bac ar gyfer ei fwrdd gwyddbwyll felly rhoddodd y gêm fwrdd yn anrheg i T. Llew Jones.

2012
Agorwyd ysgol gynradd cyfrwng Cymraeg ym Mrynhoffnant a chafodd ei henwi'n Ysgol Gynradd T. Llew Jones

GARETH BALE

Pêl-droediwr gorau'r genedl

"Rydyn ni'n werthfawrogol iawn, fel cenedl fechan, i gael cymaint o superstar."

Wayne Hennessey

Mae'n rhaid dy fod yn dda am chwarae pêl-droed os ydi dy athro addysg gorfforol yn creu rheolau penodol i ti er mwyn rhoi cyfle i'r bechgyn eraill ar y cae! Dyma yn union wnaeth Mr G. Morris, athro Gareth Bale, yn Ysgol Uwchradd yr Eglwys Newydd yng Nghaerdydd.

RHEOLAU GARETH:

- Un cyffyrddiad yn unig
- Dim defnyddio ei droed chwith

Ac yntau ond yn 9 oed, daeth Gareth i sylw tîm hyfforddi a datblygu Southampton. Roedd yn hynod o gyflym. Yn 14 oed gallai redeg ras 100m mewn 11.4 eiliad.

Daeth i'r cae am y tro cyntaf i Southampton yn 16 oed a 275 diwrnod, ac fe sgoriodd ei gôl gyntaf i'r tîm. Datblygodd i chwarae ar yr asgell gan ei fod mor gyflym.

Cafodd Bale ei arwyddo gan dîm Tottenham Hotspur a chwaraeodd 146 o gemau iddyn nhw gan sgorio 42 gôl. I Real Madrid aeth Bale wedyn am ffi arwyddo o £85.1 miliwn – a oedd yn record ar y pryd. Yn ystod ei gyfnod yn Sbaen enillodd 15 cwpan a 3 theitl La Liga, ynghyd â 5 teitl Cynghrair y Pencampwyr.

Yn ôl nifer, Bale sydd wedi sgorio'r gôl fwyaf cofiadwy erioed yng Nghynghrair y Pencampwyr – gôl drwy gicio'r bêl dros ei ben, yn erbyn clwb Lerpwl yn rownd derfynol 2018. Mae'r clip ohono yn sgorio, ac wedyn yn dathlu gan lithro ar ei fol, wedi ei wylio bron 4 miliwn o weithiau ar YouTube. Yn ôl y pêl-droediwr Xabi Alonso, "roedd yn gôl wych – dwi erioed 'di gweld dim tebyg iddi".

Er ei lwyddiant yn Sbaen, yn ei grys coch roedd Bale wir yn disgleirio i ni'r Cymry. Chwaraeodd dros ei wlad 111 o weithiau gan sgorio 41 o goliau. Bu hefyd yn gapten y tîm rhwng 2021 a 2023.

Dilynwch y cod QR i wylio rai o goliau Bale dros ei wlad.

Camodd ar y cae yn y crys coch am y tro cyntaf fis Mai 2006 – bryd hynny, Bale oedd y chwaraewr ieuengaf erioed i chwarae i'r tîm cenedlaethol. Erbyn hyn, Bale sydd wedi ennill y nifer mwyaf o gapiau dros Gymru ac ef ydi'r prif sgoriwr.

Dan ei arweiniad llwyddodd Cymru i gyrraedd rhan gyntaf pencampwriaeth Cwpan y Byd 2022 yn Qatar am y tro cyntaf ers 64 o flynyddoedd. Yn ôl Bale, roedd y cam hwnnw yn gwireddu breuddwyd yr oedd wedi ei chael ers yn fachgen bach.

Mae Gareth yn berchen ar geffyl rasio o'r enw **The Welsh Dragon**.

GÊM O GOLFF UNRHYW UN?

Mae Gareth wedi dylunio cwrs golff tri thwll yn ei ardd gefn ym Mro Morgannwg.

Enillodd cwpan All-star yn 2023 sef cystadleuaeth golff i enwogion yng ngwesty'r Celtic Manor, Casnewydd.

Ymddangosodd delwedd enfawr ohono ar ochr un o adeiladau talaf Doha yn Qatar gan ei roi ochr yn ochr â phêl-droedwyr mwyaf talentog a llwyddiannus y byd.

Roedd gan Gareth ffordd unigryw ei hun o ddathlu ei goliau, sef dal ei fysedd mewn siâp calon ond fe dorrodd nifer o galonnau pan benderfynodd, yn Ionawr 2023, roi ei grys coch o'r neilltu, gan ymddeol ar lefel ryngwladol. Yn ôl papur newydd *The Guardian*, "Does 'na neb wedi cyflawni cymaint mewn crys Cymru."

Diolch Gareth, a phob hwyl gyda'r golff!

Bale = arbenigwr ar y cic rydd - techneg "Knuckleball" = Peryg!

"Beth sy'n gwneud Gareth Bale yn arbennig? Syml. Fo ydi'r chwaraewr cyflymaf dwi erioed wedi'i weld."

Mark Lawrenson

36.9

2013 – Bale yn cyrraedd cyflymder o **36.9km** yr awr yn erbyn Villarreal

GWYNFOR EVANS

Gwleidydd a "thad" S4C

Bellach, mae adeilad y Senedd yng Nghaerdydd yn adnabyddus i ni, ond ar un cyfnod doedd gan Gymru ddim llais. Mae ein dyled yn fawr i bobl fel Gwynfor Evans am frwydro dros hynny.

Ganwyd Gwynfor yn y Barri, lle roedd ei rieni yn berchen ar siopau yn y dref, megis siop lestri. Roedd ei fam yn siarad Cymraeg ond Saesneg oedd iaith y tŷ. Roedd Gwynfor yn dysgu'r iaith yn yr ysgol ond ni ddaeth yn rhugl yn y Gymraeg tan oedd o'n 17 oed.

3 pleidlais

Collodd Gwynfor ei sedd yn etholiad cyffredinol cyntaf 1974 o 3 pleidlais yn unig. Cipiodd y sedd yn ei hôl gyda mwyafrif o 3640 pleidlais ychydig o fisoedd wedyn.

Roedd yn genedlaetholwr brwd ac yn credu yn gryf bod angen i Gymru sefyll ar ei thraed ei hun. Sefydlodd gangen Plaid Cymru pan oedd yn y brifysgol yn Rhydychen, ac fel heddychwr, protestiodd yn erbyn yr Ail Ryfel Byd.

Roedd o'n weithgar yn ei gymuned a chafodd ei ethol yn gynghorydd sir dros Gaerfyrddin lle roedd bellach yn byw gyda'i wraig Rhiannon a'u plant.

Ond yn 1966 daeth cyfle mawr iddo. Bu farw'r Arglwyddes Megan Lloyd George (merch David Lloyd George) ac roedd rhaid cael is-etholiad yng Nghaerfyrddin. Penderfynodd Gwynfor sefyll yn yr etholiad dros Blaid Cymru. Er syndod i nifer o bobl, cafodd Gwynfor ei ethol yn Aelod Seneddol dros Gaerfyrddin – enillodd o 2436 o bleidleisiau yn erbyn ei wrthwynebwyr. Roedd y fuddugoliaeth yn un enfawr. Roedd dros 2,000 o bobl tu allan yn dathlu, yn canu ac yn chwifio baneri.

Pan aeth Gwynfor i'r Senedd yn Llundain am y tro cyntaf, aeth bysiau a bysiau o gefnogwyr gydag ef. Cymaint oedd y cynnwrf nes bod un o borthorion y Senedd yn San Steffan wedi dweud nad oeddent wedi gweld y fath beth ers i'r Beatles ymweld â'r adeilad. Roedd Gwynfor wedi rhoi Plaid Cymru ar y map.

Yn 1979 arweiniodd Gwynfor ymgyrch a refferendwm i gael annibyniaeth i Gymru, ond nid oedd yn llwyddiannus gan i 79.74% bleidleisio yn erbyn. Roedd hyn yn ergyd mawr iddo.

I nifer, Gwynfor Evans oedd "tad S4C" – roedd ymgyrch cryf yn y 1970au i greu sianel deledu Gymraeg ac roedd addewid pendant gan y llywodraeth yn Llundain i wneud hyn. Ond ni wnaethon nhw gadw at eu gair. Penderfynodd Gwynfor fod angen protestio felly cyhoeddodd ei fod am ymprydio, sef dechrau ar streic newyn a gwrthod bwyta o gwbl. Yr oedd Gwynfor yn fodlon marw dros yr achos a chafodd y llywodraeth fraw. Gwnaethon nhw newid eu meddyliau cyn i Gwynfor golli yr un pryd bwyd.

Ar 1 Tachwedd 1982, gwelwyd logo S4C ar y teledu am y tro cyntaf – sianel deledu Gymraeg sydd bellach yn darlledu dros 115 awr o raglenni Cymraeg bob wythnos.

"Byddai dim Cynulliad [Senedd Cymru] yng Nghaerdydd heddiw heb Gwynfor Evans."

Cyng. H. Griffiths, Caerfyrddin

Ers buddugoliaeth gyntaf Gwynfor mae 14 o Aelodau Seneddol Plaid Cymru wedi hawlio sedd yn San Steffan.

Y gwleidydd cyntaf i ofyn am gael cymryd llw teyrngarwch yn Senedd San Steffan yn y Gymraeg. Gwrthodwyd y cais yn 1966 ond yn 1974 rhoddwyd yr hawl i gymryd y llw yn holl ieithoedd Prydain gan gynnwys y Gymraeg, Cernyweg a Gaeleg.

Dilyna'r cod QR i gael blas ar ffilm newydd ar fywyd Gwynfor Evans sef *Y Sŵn*.

2000+

yn mynychu angladd Gwynfor yn Aberystwyth

TAD I 7 O BLANT

Mae un o'i wyrion, Mabon ap Gwynfor, bellach yn aelod o Senedd Cymru.

"Mae o wedi bod yn ysbrydoliaeth i filoedd ohonon ni"

Dafydd Iwan

"BILLY" BOSTON

Chwaraewr rygbi'r gynghrair sydd wedi'i urddo'n farchog

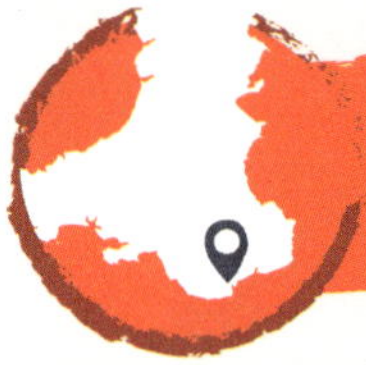

Tre-biwt, Caerdydd
1934

3 METR
Maint y gofeb iddo tu allan i stadiwm clwb Wigan

Dafliad carreg o ddociau Caerdydd, yn rhif 7 Stryd Angelina, ganed William John Boston neu 'Billy' Boston. Billy oedd y chweched plentyn o un ar ddeg o blant i John Boston, llongwr o Sierra Leone yng ngorllewin Affrica, a Nellie a oedd o dras Wyddelig.

Lai na milltir o'i gartref, roedd stadiwm Parc yr Arfau, sef cae chwarae tîm rygbi undeb Caerdydd a'r tîm cenedlaethol. Ers iddo fod yn fachgen bach breuddwydiai Billy am gael chwarae rygbi yno. Roedd o'n dipyn o chwaraewr ac yn wir enillodd ei dîm, Cardiff International Athletic, bob un o'u gemau yn nhymor 51/52, sef 32 gêm.

Er gwaethaf ei lwyddiant, ei gryfder a'i gyflymder naturiol, ni wnaeth clwb Caerdydd ofyn iddo ymuno â nhw. Yn syml, doedd clwb Caerdydd ddim yn hoffi lliw ei groen.

15
tymor yn chwarae i glwb Wigan

Clwb rygbi'r gynghrair, Wigan, yng ngogledd Lloegr, a sylwodd ar ei ddawn yn gyntaf. Teithiodd cadeirydd y clwb o Wigan i Gaerdydd yn benderfynol o'i berswadio i ymuno â nhw. Eisteddodd Billy, ei rieni a'r cadeirydd o amgylch bwrdd y gegin am oriau yn trafod. Cynigwyd £1,000 iddo arwyddo i'r clwb ond gwrthododd Nellie a John. Cynyddodd y cynnig i £1,500 ond gwrthod eto wnaeth y ddau. Gwyddai Billy y byddai ei freuddwydion o chwarae ym Mharc yr Arfau a dros Gymru ar ben pe byddai'n arwyddo i Wigan – yr adeg honno roedd rheol gadarn yn dweud na allai neb oedd wedi chwarae rygbi'r gynghrair gynrychioli eu gwlad mewn gemau rygbi undeb.

Dilyna'r cod QR i wrando ar gân sy'n dathlu talent Billy Boston a'r cerfluniau sydd ohono.

Gwyddai Nellie am freuddwyd ei mab a cheisiodd godi ofn ar y cadeirydd drwy ddweud na fyddai'n arwyddo am lai na £3000 (cyfwerth â £106,000 heddiw). Ond yn lle gadael mewn braw, rhoddodd y cadeirydd £3000 ar y bwrdd o'u blaenau. Doedd gan Billy ddim dewis; roedd yn gynnig rhy dda i'w wrthod. Arwyddodd i Wigan ond nid oedd yn teimlo fel dathlu – aeth i'r gwely'n drist iawn y noson honno gan na fyddai byth yn chwarae dros ei wlad. Ychydig a wyddai ar y pryd mai dyma benderfyniad gorau ei fywyd!

Cafodd ei gêm gyntaf i Wigan yn 1953 – daeth yn seren i'r clwb, yn arwr ac un o enwau mwyaf enwog y gêm. Yn y 1950au daeth teledu yn rhan o fywydau pobl ac roedd modd gwylio gemau o adref am y tro cyntaf.

571 nifer o geisiau yn ei yrfa

Yn ôl cyn-chwaraewr rygbi'r gynghrair, Jim Mills,

"Roedd Billy yn chwim, yn gryf ac yn frawychus. Pan oedd o'n dy daclo di, mi roeddet ti'n gwybod amdano! Ond oddi ar y cae roedd yn ddyn bonheddig."

Tyfodd ei boblogrwydd yn y stadiwm ac ar y sgrin wrth iddo ddangos ei sgiliau i'r byd.

Billy oedd y chwaraewr Du cyntaf i fynd ar daith gyda thîm Prydain, ennill cwpan y byd 1954 a chael cerfluniau ohono tu allan i stadiwm Wigan a Wembley. Sgoriodd 478 o geisiau i Wigan mewn 487 o gemau – record enfawr i'r clwb. Ailenwyd eisteddle yn y stadiwm ar ei ôl sef "The Boston Stand".

Colled enfawr i ni fel cenedl ydi na wnaeth dyn â'r fath dalent erioed chwarae dros ei wlad. Er hyn, dadorchuddiwyd cerflun ohono ym Mae Caerdydd yn 2022 er mwyn ymfalchïo yn ei lwyddiant.

1881 – Agorwyd Parc yr Arfau

1999 – Adeiladwyd Stadiwm y Principality

"Cefais fy mabwysiadu gan Wigan… ond gyda'r cerflun hwn, ar ôl 70 mlynedd i ffwrdd, mae'n debyg fy mod i adref."

Billy Boston wrth ddadorchuddio'r gofeb ohono yn Mae Caerdydd.

GWEITHGAREDDAU

ERIC JONES

Mae'n 1981 ac mae Eric am ddringo wyneb gogleddol yr Eiger. Pa lwybr dringo fyddai orau?

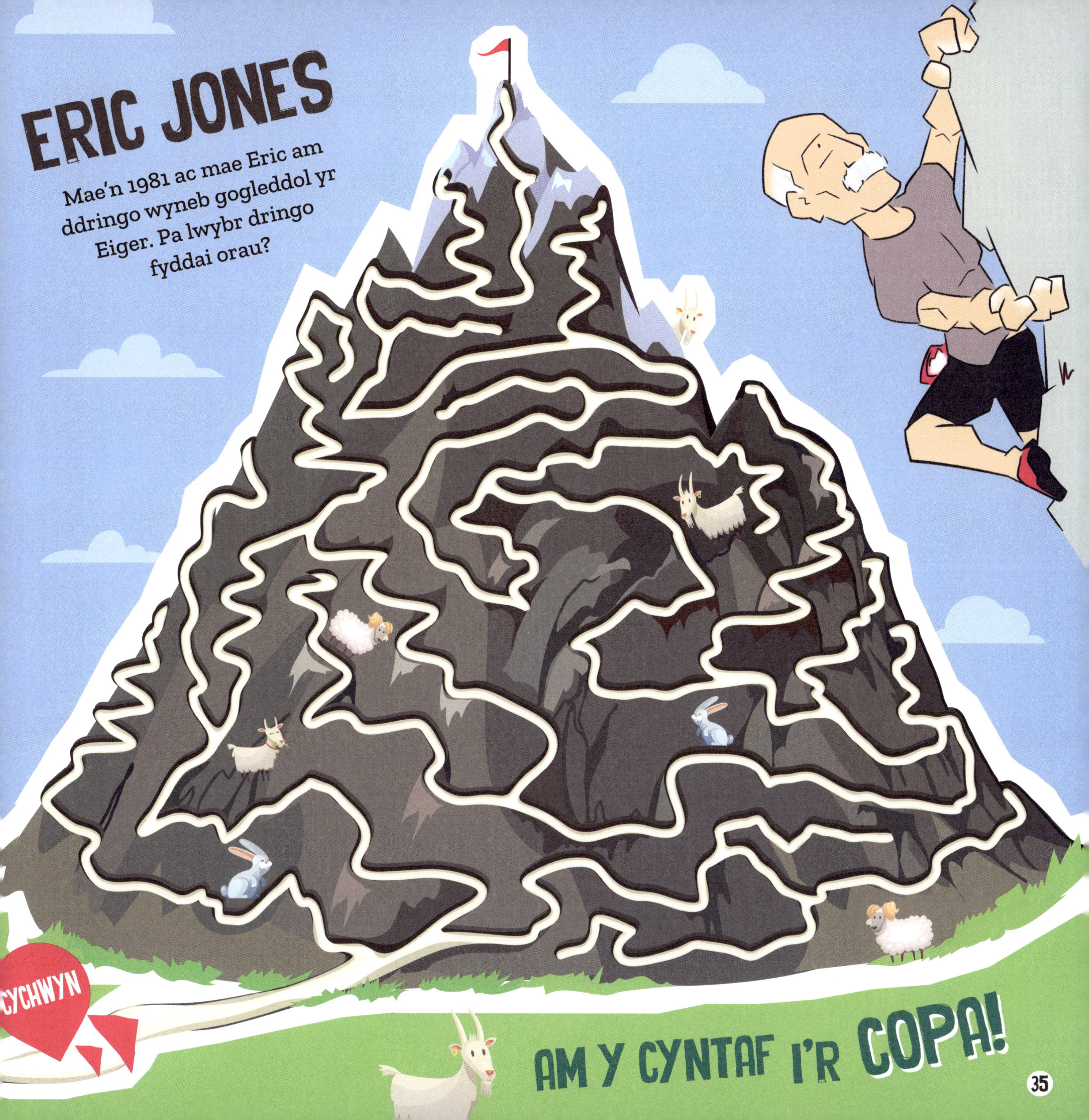

AM Y CYNTAF I'R COPA!

KYFFIN WILLIAMS

Mae lluniau Kyffin Williams am ymddangos mewn arddangosfa am dirwedd Cymru. Beth am dynnu llun o'r olygfa drwy ffenest dy lofft neu dy hoff olygfa yng Nghymru?

DAFYDD IWAN

Mae Dafydd Iwan eisiau i ti ddylunio clawr i record newydd ar label Sain. Rho gynnig arni! Pa fath o gynllun fyddet ti'n ei ddewis?

CLOUGH WILLIAMS-ELLIS

Dy dro di ydi bod yn bensaer. Mae Clough wedi dylunio Portmeirion, pentref dychmygol a delfrydol. Sut olwg fyddai ar dy dŷ perffaith di?

RICHARD BURTON

Roedd Richard yn caru prynu gemwaith gwerthfawr i'w wraig Elizabeth Taylor. Wyt ti'n gallu dod o hyd i'r 5 gwahaniaeth rhwng y cadwyni diemwnt yma?

T. LLEW JONES

Help! Mae T. Llew Jones am ysgrifennu nofel newydd ond mae angen ysbrydoliaeth arno. Wyt ti'n gallu ei helpu i orffen y stori?

"Ar noson stormus yng nghanol gaeaf garw..."

GERAINT THOMAS

Fe rwyt ti'n gwybod, mae Geraint Thomas yn caru cacennau cri neu bice ar y maen. Beth am drio coginio rhai dy hun? Cofia ofyn i oedolyn am gymorth.

CYNHWYSION

- 225g blawd codi
- Pinsiad o halen
- 1 llwy de o sbeis cymysg
- 110g menyn, lard neu farjarîn
- 75g siwgr mân
- 75g cyrens a swltanau cymysg
- 1 wy
- Croen hanner lemwn wedi ei gratio (dewisol)

DULL

Amser paratoi: 15 munud
Amser coginio: 10 munud

1. Hidla'r blawd i'r bowlen gymysgu ac ychwanegu'r menyn
2. Rhwbia'r menyn nes bod y gymysgedd yn edrych fel briwsion bara mân
3. Ychwanega'r halen a'r sbeis i'r bowlen
4. Ychwanega'r siwgr, y croen lemwn a'r ffrwythau sych a'u cymysgu
5. Mewn powlen arall, cura'r wy, cyn ei ychwanegu at y gymysgedd
6. Tro'r cyfan nes ei fod yn does cadarn
7. Ar fwrdd â blawd arno, rholia'r toes i oddeutu 5mm o drwch
8. Torra'r toes gyda thorrwr crwn 4-5cm
9. Poba'r cacennau cri ar radell ar wres canolig, gan droi unwaith, nes eu bod yn frown euraidd ar y ddwy ochr, ond yn dal i fod ychydig yn feddal yn y canol
10. Taena siwgr mân drostyn nhw tra eu bod nhw'n dal yn boeth. Os nad oes gen ti radell, galli di ddefnyddio padell ffrio drom gyda menyn arni.

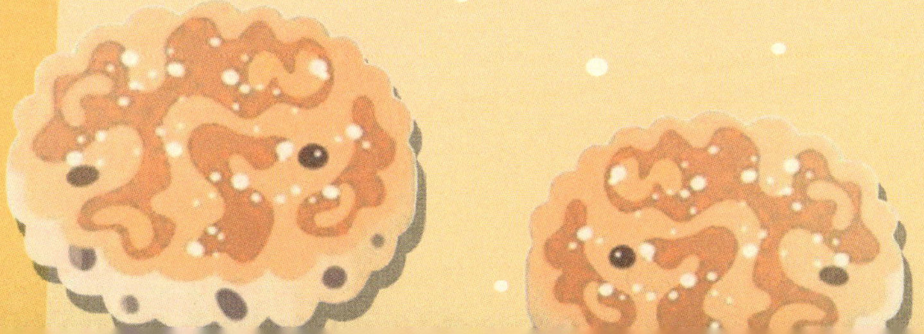

ELLIS HUMPHREY EVANS (HEDD WYN)

Enillodd Ellis y gadair yn Eisteddfod 1917 gyda'i gerdd 'Yr Arwr'. Ond pwy ydi dy arwr di? Llenwa'r ffeil-o-ffeithiau.

Enw:

Dyddiad geni:

Man geni:

Addysg:

Diddordebau:

Llwyddiant:

Pe byddwn i'n cael cwrdd â fy arwr i, byddwn i'n dweud hyn wrtho/wrthi:

GARETH BALE

Wyt ti'n un o ddilynwyr mwyaf y seren byd-enwog Gareth Bale? Wel, beth am brofi dy wybodaeth amdano drwy lenwi'r croesair yma.

I lawr

1. Ym mha wlad oedd delwedd enfawr ohono ar un o'u hadeiladau talaf?
2. Ym mha wlad mae Real Madrid?
4. Pa dîm pêl-droed oedd y cyntaf i'w arwyddo?
5. Ble gafodd Bale ei eni?
6. Ar beth mae Bale yn arbenigo?
8. Yn erbyn pwy wnaeth Bale sgorio ei gôl fwyaf cofiadwy?

Ar draws

3. Beth sydd gan Bale yn ei ardd?
5. Pa siâp oedd Bale yn ei wneud â'i fysedd i ddathlu sgorio gôl?
7. Yn erbyn pwy wnaeth Bale gyrraedd cyflymder o 36.9km
9. Beth yw 'The Welsh Dragon'?

Mae rhai o'r atebion ar dudalen Gareth Bale

LYN EVANS

Wyt ti'n gallu dod o hyd i 10 ffaith am y Gyfundrefn Ewropeaidd dros Ymchwil Niwclear (CERN)?

1

2

3

4

5

6

7

8

9

10

CWIS AM GYMRO!

1 **Ticia cywir neu anghywir ar gyfer pob brawddeg am Dr Subrahmanyam Ganesh.**

	CYWIR	ANGHYWIR
Daeth 180 o feddygon o India i helpu'r Gwasanaeth Iechyd ym Mhrydain yn 1960.		
Daeth Dr Ganesh i Gymru yn 50 oed.		
Mae pobl India a phobl Dowlais yn debyg.		
Roedd Dr Ganesh yn gweld cleifion oedd yn dioddef oherwydd diffyg bwyd yng Nghymru.		

2 **Tynna 8 llinell arall i ddangos pwy ydy pwy.**

- Geraint Thomas
- Lyn Evans
- Billy Boston
- T. Llew Jones
- Kyffin Williams
- Dr Ganesh
- Richard Burton
- Gwynfor Evans

1. Enwebu am 7 Oscar
2. Awdur ac athro
3. Ennill Tour de France 2018
4. Helpu teuluoedd Aberfan
5. Ymgyrchu i sefydlu S4C
6. Y chwaraewr Du cyntaf i deithio â thîm rygbi Prydain
7. Creu Peiriant Gwrthdaro Hadronau Mawr
8. Ennill ysgoloriaeth i astudio celf ym Mhatagonia

3 Edrycha ar y frawddeg lliw gwyrdd. Tanlinella un gair sy'n dangos bod y llywodraeth wedi dychryn pan wnaeth Gwynfor Evans ddweud ei fod am ymprydio.

Yr oedd Gwynfor yn fodlon marw dros yr achos a chafodd y llywodraeth fraw.

4 Edrycha ar y frawddeg lliw coch. Tanlinella un gair sy'n disgrifio teimladau Billy Boston.

... aeth i'r gwely'n drist iawn y noson honno gan na fyddai byth yn chwarae dros ei wlad ...

5 Pwy oedd Bardd y Gadair Ddu?

Cylcha un.

- DAFYDD IWAN
- T. LLEW JONES
- GWYNFOR EVANS
- HEDD WYN

6 Pa enwogion na chafodd eu geni yng Nghymru?

Cylcha ddau.

- BILLY BOSTON
- DR SUBRAHMANYAM GANESH
- CLOUGH WILLIAMS-ELLIS
- LYN EVANS

ATEBION Y CWIS

1. Anghywir, Anghywir, Cywir, Anghywir
2. Richard Burton – 1, T. Llew Jones – 2, Geraint Thomas – 3, Dr Ganesh – 4, Gwynfor Evans – 5, Billy Boston – 6, Lyn Evans – 7, Kyffin Williams – 8
3. Fraw
4. drist
5. Hedd Wyn
6. Dr Subrahmanyam Ganesh, Clough Williams-Ellis

ATEBION POS GARETH BALE O DUDALEN 43